CATALOGUE

DE TABLEAUX

DESSINS ET ESTAMPES ;

LIVRES SUR LES ARTS, MANUSCRITS, RECUEILS, PORTE-FEUILLES D'ÉTUDES, USTENSILES DE PEINTURE,

Laissés par feu M. [TAUNAY], membre de l'Institut, et professeur à l'École royale des Beaux-Arts,

Dont la Vente aura lieu par suite de son décès le lundi matin 20 novembre 1826, et jours suivans, hôtel de Bullion, rue J. J. Rousseau, salle vitrée, N°. 3.

L'EXPOSITION SERA PUBLIQUE LES SAMEDI 18, ET DIMANCHE 19, DE MIDI A QUATRE HEURES.

—————

LE PRÉSENT CATALOGUE SE DISTRIBUE A PARIS,

CHEZ MM. { DUMANOIR, Commissaire-Priseur, rue Notre-Dame-Nazareth, n°. 5 ; Ch. PAILLET, Commissaire-Expert honoraire des Musées Royaux, rue Grange-Batelière, n. 24.

1826.

IMPRIMERIE DE A. CONIAM,
RUE DU FAUBOURG MONTMARTRE, N. 4.

AVERTISSEMENT.

Il est réservé à une plume plus exercée que la mienne de donner, sur feu M. Thibault, des détails circonstanciés de sa vie, de ses ouvrages et des talens qui le placèrent au premier rang dans son art; de tels récits doivent être consignés à la postérité d'une manière noble comme celui qui en est l'objet; il faisait d'ailleurs partie d'un corps de savans qui ne laissera pas dans l'oubli un de ses membres dont l'éloge doit être rendu aussi public que les talens et les vertus qui l'ont distingué doivent être une preuve de l'estime, de l'attachement qu'ils lui portaient.

M. Vandoyer, ami et contemporain de M. Thibault, a prononcé sur sa tombe une courte notice dans laquelle il a peint, avec vérité, la vie et les travaux académiques de cet artiste, trop promptement enlevé à ses amis, à ses collègues et aux nombreux élèves que ses conseils avaient déjà formés. Il nous a rappelé son talent dû à d'heureuses inspirations, à son goût pour les beaux-arts et à une étude approfondie de la nature dont il fut l'élève le plus fidèle. Amant passionné de son art, il eut le bonheur d'aller perfectionner de si belles dispositions à Rome. C'est dans ce beau pays dont il étudia tous les sites et les monumens remarquables qu'il fit cette suite de dessins regardée à juste titre comme une gamme fondamentale pour les dessinateurs, les peintres et les architectes. Après de grands travaux exécutés dans une cour étrangère, où **M. Thibault** fit moins briller son génie par des substitutions de sa composition que par la modestie qu'il mit à conserver un monument capital, respecté par plusieurs siècles, il revint dans sa patrie au milieu de ses amis. L'académie des beaux-arts s'empressa d'appeler dans son sein cet artiste, bon architecte, peintre habile, profondément instruit dans l'art de la perspective et dans la connaissance des monumens de l'antiquité. L'école des beaux-arts le nomma professeur de perspective, et la simplicité de ses préceptes fit faire à cette science de rapides progrès. Les lumières qu'il y a jetées pourront se perpétuer chez toutes les nations, quand paraîtra l'important ouvrage qu'il était sur le point de publier sur la perspective. Ce travail précieux, conservé aux arts et à la mémoire de son auteur, est confié aux soins d'un de ses élèves qu'il avait initié dans ses tra-

vaux, et qui, par l'habitude qu'il avait de fré-
quenter souvent M. Thibaut, semble n'avoir à
ajouter que les dernières paroles dictées par
l'auteur, et que la mort qui l'a ravi si subite-
ment n'a pas voulu qu'il inscrivît lui-même.

L'amour de M. Thibault, pour l'étude, lui
fit trouver moyen de réunir une bibliothèque
choisie dont la plupart des ouvrages deviennent
rares aujourd'hui. L'architecture qui a dans les
arts sa littérature particulière, exige de grandes
connaissances pour en faire un bon choix ; aussi
trouvera-t-on peu de ces livres, publiés à grand
frais, pour y consigner des édifices oubliés ou
des projets rejettés ; mais à côté des Vignoles,
Palladio, Scamozzi, Vitruve, Desgodet et autres auteurs anciens, on trouvera quelques bons
auteurs modernes, publiés par des Français,
pouvant aider le génie des artistes, former le
goût des amateurs, et capables de donner des
récits, des images fidèles et des idées justes de
ce qui existe.

ORDRE DE LA VENTE.

1re. VACATION. — Lundi matin 20 novembre 1826;
Tableaux et Dessins, du n°. 1 à n°. 74.

2e. VACATION. — Mardi matin 21 :
Dessins en feuille, du n°. 75 à n°. 151.

3e. VACATION. — Mercredi matin 22:
Dessins, du n°. 152 à n°. 191.
Estampes, du n°. 192 à 221, et le n°. 241 div^{on}.

4e. VACATION. — Jeudi matin 23 :
Estampes, du n°. 222 à n°. 240.
Livres, du n°. 242 à n°. 300.

5e. VACATION. — Vendredi matin 24 :
Livres, du n°. 301 à n°. 366.

6e. VACATION. — Samedi matin 25 :
Dessins, Livres, Estampes et Ustensiles de peinture
non décrits dans le Catalogue.

CATALOGUE

DE TABLEAUX,

DESSINS ET ESTAMPES, ETC.

TABLEAUX TERMINÉS ET ÉTUDES,
PEINTES PAR M. THIBAULT.

1. Palmier dattier, peint à Rome au couvent de Saint-Bonaventure, près l'arc de Constantin.

2. Deux vues des cascatelles de Tivoli, peintes en 1791.

3. Vue d'un parc à Fleury sous Meudon.

4. Deux autres études de bruyère, et parc des environs de Saint-Cloud.

5. Fabriques entourées d'arbres, site d'Italie.

6. Fabriques de Sambucci, près la Sabine.

7. Rivière de Subiaco.

8. Petit temple à Rome.

9. Grand jet d'eau du parc de Saint-Cloud, et étude d'arbres. Deux pièces.

10. Deux autres pièces non terminées; vues prises dans la campagne et hors la ville de Rome.

11. Étude de feuillé d'arbres, et légers arbustes à tavers lesquels on aperçoit un échappé de campagne.

12. Plusieurs études peintes, ébauchées et esquissées.

13. Vue de village et couvent de Rome, avec figures de femme et enfant sur le milieu du chemin.

14. Trois pièces; étude d'arbre, mur bordant un parc, et vue de jardin.

15. Vue de la grotte Egérie, et paysage avec fabrique et temple; deux pièces sur toile sans chassis.

16. Différentes études de fabriques peintes sur papier.

17. Etudes d'arbres de différents feuillés et sur papier.

18. Lot de plantes, feuilles, fleurs et arbrisseaux.

19. Etudes d'eau, cascades, eaux dormantes, mer agitée et autres.

20. Lointains, montagnes, effets de soleil couchant; pièces d'études.

21. Etudes de ciel.

Les nos. 16, 17, 18, 19, 20 et 21 seront divisés.

TABLEAUX ET ÉTUDES PAR DIFFÉRENS PEINTRES.

22. Scène de naufragés, par M. Taurel.

23. Paysage composé par M. Marchais, et vue des hauteurs de Tivoli.

24. Etude de moutons, par M. Omeganck.

25. Différentes études par des artistes inconnus.

26. Scène champêtre par un artiste hollandais, et petit paysage, par Ruisdaël.

27. L'amour et l'hymen. Deux figures dans un bocage orné de fleurs. Etude par......

28. Vue extérieure d'une église, par Saint-Martin.

29. Vue de Venise, par Canaletti.

DESSINS PAR M. THIBAULT.

Suite de dessins à l'aquarelle, au bistre, à la sépia et à la plume, composant le porte-feuille particulier de M. Thibault, et considérés comme études pour les différens genres qui tiennent à l'architecture et au paysage. Nous avons conservé l'ordre qu'il leur avait donné.

PREMIÈRE SÉRIE.

ETUDES DE MONTAGNES ET LOINTAINS.

30. Douze dessins, la plupart coloriés, dont les vues sont prises à la porte Saint-Jean, la ville Pamphile et le chemin de Marius.

31. Huit dessins à la plume et au bistre, vues prises du chemin de Marino, Albano, Tivoli et Giulanetto.

32. Huit dessins coloriés, dont grande partie sont des vues prises de la voie Appienne.

33. Huit autres, la villa Borghèse, villa Negroni, etc.

34. Aspect de Coré et des marais Pontins. Huit dessins.

35. Huit dessins à la plume et au bistre; villa Justiniani, villa Borghèse et Saint-Onofrio.

36. Sept dessins, dont deux coloriés, la villa Madama.

37. Six dessins coloriés, vues prises de la colonne Antonine et de la lanterne du dôme Saint-Jean.

38. Quatre dessins. Vues de la Sainte Beaume.

39. Quatre autres, à Tivoli et Subiaco.

40. Temple de Cliturne. Quatre dessins.

41. La villa Négroni et Sainte-Marie-Majeure. Quatre dessins.

42. Narni et la Chartreuse, près Florence. Quatre dessins, dont un colorié.

43. A Tivoli. Quatre dessins.

44. A Frascati et à Tivoli.

45. Près Borghetto et près Levano en Toscane.

DEUXIÈME SÉRIE.

ROCHERS, GROTTES, CASCADES, TORRENS.

46. Trois pièces, dont vues de Tivoli.

47. Huit dessins, dont la vue de Quintius.

48. Huit dessins, dont quatre vues de Palazzuolo.

49. A Civita Castellana, à Terni et en Provence. Quatre dessins.

50. Amphithéâtre et tombeau à Sutri. Quatre dessins.

51. A Tivoli, quatre dessins.

52. A Caprarola et Civita Castellana.

53. Grotte de Vicoraro, cascade de Terni. Cinq dessins.

54. Près la cascade de Terni. Quatre dessins.

55. Grande cascade et pont de Tivoli. Quatre dessins, un colorié.

56. Cascade de Terni et Civita Castellana.

57. A San Cosimato et Subiaco.

58. A San Cosimato, Ambaque et Trisulté. Trois dessins.

59. A Trisulté. Deux dessins.

60. Près Subiaco, et grotte de Neptune.

61. Vue de la vallée de Tivoli, et trois autres pièces.

62. Six dessins, dont deux coloriés. Grotte de Neptune, grotte des Sirènes et vues de Rouciglione.

TROISIÈME SÉRIE.

EAUX TRANQUILLES, RIVIÈRES ET LACS.

63. Huit dessins, lac d'Albane, de Némi, bords du Tibre, etc.

64. Palais Falconini, bords du Tibre. Huit dessins.

65. Lacs près Ponte Mole et Subiaco.

66. A Civita Castellana, Narni, Vienne en Dauphiné, et Letaro.

67. Dans l'Appenin, Antibes et Gênes.

68. Près Monte Rossa, castel Saint-Héli. Quatre dessins.

69. Ponte Mole et bords du Tibre.

70. Tivoli et castel Madarma. Quatre dessins, un colorié

71. Lac de Trasimène. Quatre vues.

72. A Tivoli et Vicovaro.

73. Quatre dessins. Deux grandes vues de Subiaco, Trasimène et Borghetto.

74. Six vues diverses, dont une du lac majeur.

QUATRIÈME SÉRIE.
JARDINS D'ITALIE, FONTAINES ARTIFICIELLES.

75. Treize dessins ; vues de monumens principaux de Rome, palais et jardins.

76. Villa Ludovisi et villa Strozzi. Huit dessins.

77. Villa Justiniani, Verospi, Barberini, en tout huit dessins.

78. Huit vues des jardins Pamphile, Barberini, Aldobrandini.

79. Jardins Farnèse, Borghèse, villa Strozzi. Huit dessins.

80. Huit autres dessins ; fontaines jaillissantes.

81. Villa Negroni, jardin Colone, villa Pamphile.

82. Près l'Apollinara, villa Molina, villa Ludovisi. huit dessins.

83. Villa Borghese, porta Salaoa, jardin Farnèse, etc.

84. Jardin de monte Cavallo, de la villa Borghèse et Pamphile. Huit dessins.

85. Près le palais Barberini, près le cirque de Flore. Huit dessins.

86. Villa Borghèse, villa Medici, Strozzi, Justiniani. Huit dessins.

87. Villa Negrini, Borghèse et autres. Huit dessins.

88. Huit vues de jardins.

89. Villa Aldobrandini, jardin Corsini et l'une des fontaines de St.-Pierre. Huit dessins.

90. Huit vues des jardins Borghèse.

91. Huit autres.

92. Villa Negroni, Ludovisi et Rondinini.

93. Grotta Ferrata, eau de Varus, vue à Frascati et à Caprarola.

94. Villa d'Est, Frascati et Jardin Farnese. Trois dessins.

95. Villa Negroni, villa d'Est , Trozzi et Borghèse.

96. Fontaine Egérie et grotta ferata.

97. Trois vues de la villa Borghèse, dessins lavés au bistre.

98. Trois autres vues de jardins.

99. Deux dessins coloriés, vues de la villa Albano.

CINQUIÈME SÉRIE.

ACQUEDUCS ET PONTS.

100. Près la porte majeure, chemin de Marino, ponte mole et autres. Neuf dessins.

101. Six vues, dont trois de Spolette.

102. Civita Castellana, pont d'Auguste et Subiaco.

103. Ponte mole, Nomentana, Salara et Lucano. Quatre dessins.

SIXIÈME SÉRIE.

VUES EXTERIEURES , EDIFICES, FABRIQUES ANTIQUES ET MODERNES.

104. Vingt et une fabriques, palais et portes de villes.

105. Dix-sept façades prises au palais Loretto, à la place Navone et autres lieux.

106. Huit petites vues coloriées, sur le mont Mario et bords du Tibre.

107. Onze dessins dont la villa Justiniani, le pont St.-Laurent, la montagne Somma et les bords du Tibre.

108. Près la ville Ludovisi, près le Colysée, en tout 8 dessins.

109. St.-Laurent hors les murs, Ste.-Agnès, St.-Paul et autres vues. 8 dessins.

110. St.-Jean de Latran, la Trinité du mont. Six dessins.

111. Borgo di Santo Pietro, via Appia, porte de la Riccia.

112. St.-Pietre in monterio. Huit vues.

113. Neuf dessins, Minerve medica, villa Borghèse, etc.

114. Six autres, dont un colorié; cinq de la villa Borghèse.

115. Huit dessins san Pietro, san Gregorio, les thermes de Diocletien, via Appia.

116. Entrée du Vatican, monte Cavallo, san Bartholomeo, palais de Venise. Huit dessins, 1 feuille; quatre sont coloriés.

117. St.-Pietro et Colysée. Huit dessins.

118. Couvens et fabriques, près Parme.

119. A Tivoli, temple d'Antonin et Faustine, porta Maggiore. Huit de

120. Huit dessins, dont un colorié, Le Vatican, la villa Mathei, extérieur du jardin Barberini.

121. La villa Justiniani, Ludovisi, porte St.-Jean et entrée de la villa Borghèse.

122. Deux vues prises de la corniche du Panthéon, temple du soleil ; le jardin de monte Cavallo, le jardin Colonne. Huit dessins.

123. Près St.-Jean de Latran, près la porte du peuple, près la villa Borghèse, faubourg du peuple. Huit dessins.

124. I quatro coronati, vue du mont Palatine, de la villa Mathei. Huit pièces.

125. Vues prises du Pasquin, et des bords du Tibre. Huit dessins.

126. Villa Mellina, Frascati et Justiniani. Huit dessins.

127. Faubourg du peuple, temple de Bacchus, Batistère de Constantin, St.-Etienne le rond. Huit dessins. du jardin Colonne. Huit dessins.

128. Tours et portes de ville, au Vatican, près la place Navone et à monte Cavallo.

129. Escaliers des palais de la villa Pamphila, du Capitole, du jardin Farnèse, de la Trinité-du-Mont etc.

130 Palais Mathei, aqua Paolina, place du peuple, Fritellano. Huit dessins.

131. A Frascati, au cloître St.-Clément, vues prises de la colonne Antonine et du Vatican. Six dessins.

132. Fabriques dites du Poussin, vue derrière le château St.-Ange. Six dessins.

133. Vue prise de la ville des empereurs, vue prise du couvent de St.-Bonaventure et quatre autres vues ; en tout six dessins.

134. Vue prise dans les loges de Raphaël; au Vatican à la villa Petrici, au ponte Sixto. Six dessins.

135. Vue de Canapina, de Viterbe, des loges du Vatican et de St.-Bonaventure.

136. Diverses vues de Grota Ferrata.

137. Trois vues du Vatican et une du cirque de Flore.

138. Le capitole, monte Cavallo, vue à Plaisance et à Carbognano.

139. Quatre vues, à Rome sur les bords du Tibre, à la villa Madama, et à Caprarola.

140. Château et caserne de Caprarola.

141. Temple de Vesta à Tivoli, le Colisée, temple de Rémus et Romulus.

142. Vues de jardins à Frascati. Quatre dessins.

143. Tour de la belle Allemande à Lyon. Villa Négroni, villa Ludovisi, et vue du lac de Trasimène. Quatre dessins.

144. Porte Saint-Paul, pyramide de Cestius. Quatre dessins.

145. Quatre vues près San Sébastiano, Némi, Monte Mario, Tivoli.

146. Arc de Drusus, et portes près Saint-Pierre. Quatre dessins.

147. Aqueduc près Tivoli, de la villa Négroni à Subiaco. Quatre dessins.

148. Quatre vues prises de la porte du peuple; la villa Borghèse, la villa Médicis et le jardin Barberini.

149. Trois dessins. Vue de Brucciano, et deux de la villa Albano.

150. Vue du mont Palatin près du temple de la Paix, et quatre autres vues.

151. Tour des esclaves, palais Doria à Gènes. Huit dessins.

SEPTIÈME SÉRIE.

VUES INTÉRIEURES D'EDIFICES ET DE FABRIQUES.

152. Huit vues de cloître.

153. Saint Paul hors les murs, saint Cosme, et Damien, sainte Praxide, sainte Agnès et palais Giraud. Huit dessins.

154. Saint Paul, saint Laurent, sainte Agnès, saint Pierre. Huit vues du cloître et colonnades.

155. Huit autres vues de la porte du Colisée, des jardins Farnèse, de la villa Négroni, etc.

156. Huit vues de couvents et palais.

157. Sépulcre, palais Mathei, jardin Farnèse, intérieur des murs de Rome. Huit dessins.

158. Vue près le Capitole, temple de Vesta à Tivoli, loges du Vatican, jardin de l'Apolinare.

ÉTUDES, CROQUIS ET DESSINS DIVERS.

159. Environ cent feuilles dessins, croquis d'architecture, de figures et de paysages.

160. Croquis de ciels d'après nature.

161. Vue d'une grande cascade, dessin colorié et orné de figures, il porte 40 pouces de haut.

162. Costumes d'Italie d'après Pinelli et par M. Thibault.

163. Croquis et calques d'après des costumes de l'Italie moderne.

164. Cinq dessins à la sépia et coloriés, vues de Paris, paysages, etc.

165. Lot de contre-épreuves, environ 120 pièces.

166. Croquis faits d'après M. Thienon.

167. Croquis d'après nature, arbres de différentes espèces.

168. Etudes d'arbres faites en France et en Hollande, charme, noyer, fresne, orme, chêne, tremble, tilleuls, cèdres, cyprès, sapins, lauriers, peupliers, saules, platanes, maronniers et autres; cet article sera divisé.

169. Croquis de plantes, feuilles d'arbres, fleurs, tiges, branchages, etc. qui entrent dans la composition du paysage.

170. Quinze dessins à la mine de plomb et à la san-
guine, par M. Thibault.

171. Dix dessins au bistre, par le même.

172. Vingt-trois dessins, par Thibault et autres, sujets de paysages et animaux.

173. Quatre dessins et plusieurs calques des décorations
de Zoraïme et Zulnare, Elisca et Sémiramis.

174. Trente-sept dessins fabriques et paysages, et
monumens, d'après les peintures antiques, 3 feuilles.

175. Décorations théâtrales, soixante-huit dessins
sur 3 feuilles.

176. Croquis, fabriques et paysages, soixante-douze
dessins sur 3 feuilles.

177. Trois feuilles renfermant soixante-cinq dessins
à la mine de plomb, à la plume et lavés. Exemples de
perspective.

178. Quatre-vingt-sept dessins sur 4 feuilles, mêmes
sujets.

179. Fabriques et paysages, cent quatre dessins sur
5 feuilles.

180. Dix-huit dessins au lavis, vues d'Italie.

181. Deux jolis dessins à la sépia, sujets tirés des œuvres d'Homère.

182. Vue de la maison de Mécène et des petites cascatelles de Tivoli.

183. Vue d'un chemin tournant autour des murs de
la ville de Rome.

184. Cinquante-huit dessins au lavis , vues différentes du voyage de M. Thibault en Italie par la Savoye , 1 vol. en forme d'album.

185. Environ 36 cartons renfermant des calques d'ornemens d'architecture , paysages , monumens grecs, romains , égyptiens et mauresques , cet article sera divisé au gré des acquéreurs.

186. Très-beau et très-capital dessin à l'aquarelle, représentant les vues des cascatelles de Tivoli.

187. Réunion de croquis sur des feuilles , par M. Thibault , croquis d'après *Bonnard* , faits à Rome en 1791; et une suite de vues de la Savoye , par Suvée; trois lots en un seul.

188. Dix-huit dessins , par MM. Thibault , Baltard , Dunouy et autres.

189. Trente dessins sur cinq feuilles , à l'aquarelle et au bistre , par Hüe , Petit et Preau.

190. Vingt-quatre dessins sur six feuilles , par Hüe , Saint-Martin , Petit et autres.

191. Une suite d'études de paysages faites d'après nature au bord des lacs d'Albane et de Némi , à Gensano , à la Riccia et dans les forêts environnantes, par François Sablet. Environ 92 pièces.

ESTAMPES EN FEUILLES ET EN RECUEILS.

192. Monumens anciens et modernes de l'Indoustan , par Langlès , 18 livraisons.

193. Les antiquités d'Athènes, par Stuart et Revet, publiées par Landon, 4 vol.

194. Vues des Cordelières et monumens des peuples de l'Amérique, pour accompagner la relation historique du voyage de MM. Humboldt et de Bompland, 7 livraisons.

195. Voyage dans le levant en 1817 et 1818, par M. le comte de Forbin.

196. Œuvres complètes de Jacques Barozzi de Vignole, publiées par H. Lebas et F. Debret, 14 livraisons.

197. Œuvres de Lepôtre, recueil contenant environ trois cents pièces toutes anciennes épreuves.

198. Recueil de différentes pièces, par Sébastien Leclerc.

199. Recueil des plus beaux tombeaux exécutés en Italie, par Grandjean de Montigny. Quatre livraisons. — Arc de triomphe par Raymond. Les peintures de l'église de Saint-Martin du Mont. — Planches du commentaire de S. J. *Frontin*. En tout sept cahiers.

200. Vues de la basilique Saint-Marc à Venise, et vues des villes et environs de la Toscane. 2 vol. grand in-fol°.

201. Figures antiques par Perrier. 1 vol. — Deux cahiers figures de Pinelli. Collection de sculptures antiques grecques et romaines. — Description de la Vénus de Milo, par M. le comte de Clarac. — Autre notice par M. Quatremere de Quinci. Notice d'une

collection de statues et bustes en marbre, par Ch. Paillet, avec litographies ; en tout sept pièces.

202. Fêtes données à Rome par le cardinal d'Estrées. Le soleil au signe du Lion. 1 vol. Décorations et machines. 1 vol. Palais du prince d'Orange. 1 vol.

203. La vie de Saint Bruno, d'après Lesueur, par Chavneau. Collection des peintures du Vatican, d'après Raphaël, par Chapron, frise de Jules Romain. 3 vol. obl.

204. Décorations par Mazzi. 1 vol. Recueil de dessins originaux par Maure Resi, et vue de la ville aldobrandine ; en tout 3 vol.

205. Cinq vol. Figures et principes, dont les proportions du corps humain.

206. Plan et coupe d'une partie du Forum, par A Caristis. 1 cahier.

207. Dix pièces eaux fortes, par Both d'Italie.

208. Quatorze pièces par Le Gouaspres.

209. Quarante pièces d'après Claude le Lorrain, supplément au livre de vérité.

210. Dix-huit pièces par Nicolas, et Gouaspres Poussin.

211. Huit grands paysages d'après le Poussin.

212. Les quatre saisons d'après le même.

213. Trois pièces, paysage d'après Claude le Lorrain.

214. Vingt-huit pièces dont plusieurs d'après le même.

215. Vingt-deux pièces, eaux fortes d'Herman d'Italie, avec le mot *excudit*.

216. Dix autres pièces par le même. Aussi avec le mot *excudit*.

217. Six pièces par le même.

218. Treize pièces avec même remarque.

219. Quarante et une pièces par Herman d'Italie.

220. Trente-quatre pièces par et d'après le même.

221. Trente-trois pièces, eaux fortes de Claude le Lorrain, plus une contre-épreuve et trois copies.

222. Sept pièces, paysages d'après le Poussin.

223. Vingt-cinq pièces d'après le Poussin, Lesueur et Raphaël.

224. Les sept sacremens. Epreuves avant l'adresse de Buldet.

225. Environ cent pièces, par et d'après Paul Potter et Berghem.

226. Cinquante-une pièces, eaux fortes de Carel Dujardin.

227. Eaux fortes de S. Gesner, 32 pièces.

228. Paysages par Waterloo. 80 pièces.

229. Un lot de pièces d'après Titien, Campagnola, Carrache, Paul Bril et autres, environ 35 pièces.

230. Dix-sept pièces, pastorales par Jacques Stella.

231. Sept pièces, paysages par Rheinart.

232. Vingt-deux pièces d'après Canaletti et autres.

233. Six pièces d'après Le Poussin et Le Sueur.

234. Vingt-une pièces d'après Joseph Vernet et autres.

235. Eaux fortes du catalogue de Lebrun, et pièces diverses.

236. Vues de Clisson en Bretagne, gravées par Piringer d'après les dessins de Thienon.

237. Environ 70 pièces lithographiées, par Thienon, Dunouy, Bertin, Vasserot, Tardieu, Redouté et autres.

238. Ornemens d'architecture lithographiés.

239. Eaux fortes de Lavit, Thibault, Vasserot, Castellan, Vernet, Granet, environ vingt pièces.

240. Vingt-trois pièces, eaux-fortes, par M. Dunouy.

241. Environ dix lots d'estampes, en feuilles, par différens maîtres.

LIVRES SUR LES ARTS,

ET CONCERNANT PRINCIPALEMENT L'ARCHITECTURE.

242. Le livre de vérité, ou collection d'estampes, d'après les dessins et tableaux originaux de Claude le Lorrain, 3 vol. in-f°, rel.

243. Le Antichità di Ercolano. Rome, 1789; peinture, bronzes, lampes et candelabres, 6 vol. in-4° avec tex. et pl.

224. Huberti Goltzii de re nummaria antiqua, 5 vol. in-f°, fig., cart., dos maroq. avec planches. Anvers, 1708.

245. L'antiquité expliquée et représentée en figures, par Bernard de Montfaucon, 15 vol. in-f°, cart., dos. baz. Paris 1722 et 1757.

246. Descrizione di Roma anticha, 2 vol. av. pl. rel. parch. Rome, 1739.

247. Voyage pittoresque de la Grèce, par Choiseuil Gouffier, 1 vol. gr. in-f°, tom. 1, rel. maroq.

248. Du génie de l'architecture, par J. A. Coussin, 1 vol. av. pl. au trait. Paris, 1822.

249. Architecture toscane, par A. Grandjean de Montigny et A. Famin, 1 vol. in-f°, pl. au trait. Paris, 1815.

250. Palais, maisons et autres édifices modernes, dessinés à Rome, et publiés en l'an 6, 1 vol.

Recueil de décorations intérieures, par MM. Fontaine et Percier, 1 vol. in-f°, au trait. Paris 1812.

251. Recueil en parallèle des édifices de tous genres anciens et modernes, par J. L. N. Durand, 2 vol. in-f°, cartonnés.

252. Projet d'architecture, par *Peyre* neveu.

Projet de reconstruction de la salle de l'Odéon, et œuvres d'architecture, par Marie Joseph *Peyre*, 2 vol. et un cahier in-f°.

— OEuvre d'architecture de A. F. Peyre, membre de l'Institut, 4 livraisons.

253. Précis des leçons d'architecture données à l'Ecole polytechnique, par J. N. L. Durand, 2 vol. in-4°. av. pl. au trait. Paris 1802. Plus, un premier vol. broché.

254. Voyage pittoresque, et navigation sur le Rhône, par *Boissel*. Description des Pyramides de Ghize et de la ville du Caire, par J. Grobert, 2 vol.

255. Les bâtimens et les dessins de André *Palladio*, recueillis par Scamozzi, 4 vol. in-4°, av. pl., et les Thermes des Romains, en tout 5 vol. in-4°, veau.

256. OEuvres d'architecture de V. Scamozzi. Paris, 1744, 1 vol. in-8°; traité des cinq ordres d'architecture, traduit de Palladio, 1 vol.; il Forestiere istruito delle cose più rare d'architettura della cita di Vicenza. 1 vol.

257. Choix des plus célèbres maisons de plaisance de Rome et de ses environs, par MM. *Percier* et *Fontaines*, 1 vol. in-f°. demi-rel. Paris 1809.

258. Cinquante-deux petites vues de la Suisse, par S. Gesner. Eaux fortes.

259. Lettres ou Voyage pittoresque dans les Alpes, par Baltard, 1 vol. in-4° av. pl.

260. Vues de Rome, de Terracine et de Bologne, 3 cahiers obl.

261. Le palais de Scaurus, ou description d'une maison romaine, par M. Mazois, 1 vol. av. pl. — Mé-

moire sur les eaux minérales et les monumens thermaux des Pyrénées, par A. F. Lomes, vol., 10 pl.

262. Commentaires de Frontin sur les acqueducs de Rome, par J. Rondelet, 1 vol. broché. Paris 1820.

263. Les ruines de Pæstum, par C. M. *De la Gardette*. Paris, an vii, 1 vol. in-f° avec planches, demi-rel.

264. Les Edifices antiques de Rome, par Desgodets, 2 vol. in-f° avec pl. Paris, 1695.

265. Arc de Septime Sévère, avec explication de Svarecii. Rome, 1676; libro d'Antonio Labacco.

266. Lidea della architettura universale, di Vincenzo Scamozzi, 1 vol. in-f°, Venise, 1615.

267. Les quatre livres d'architecture d'André Palladio, 1 vol. Paris, 1650.

268. Œuvre d'architecture de Vincent Scamozzi. Leyden, 1713, 1 vol., veau.

269. Les trois ordres d'architecture dorique, ionique et corinthien, par Neralco, 1 vol. in-f°; et choix de temples antiques, 1 vol.

270. Numismata summorum Pontificum templi vaticani, 1 vol. in-f°, parch.

271. Architecture, ou art de bien bâtir, de Marc Vitruve *Pollion*. Paris, 1572, 1 vol. Vitruvio Pollione, 1535, 1 vol., parchemin.

272. L'art de bien bâtir, par L. B. Albert. Paris, 1553, 1 vol. in-f°.

273. Splendore dell' antica Roma; festan de la iglé-

sia metropolitana de Sevilla ; de sacria ædificiis a Constantino magno, 3 vol. gr. in-4°.

274. Discours historial de l'antique cité de Nismes, par J. Poldo d'Albenas et Galliœ antiquitates, 2 vol. in-4°.

275. Les dix livres d'architecture de Rusconi. L'art de charpenterie de Mathurin Sousse. Paris, 1702, 2 vol. in-4°.

276. Seconde partie des proportions d'architecture, ou l'art d'accorder les dimensions et les mesures des bâtimens. 1 vol. Manuscrit avec dessins à la plume, et notes sur cet ouvrage, par M. Thibault.

277. L'architettura di Vitruvione del Marchese, *Berardo Galiani*. Napoli, 1758; 1 vol. in-f°, demi-rel. avec planches.

278. Iconographia veteris Romæ, 1 vol. in-f°, demirel., fig. Romæ, 1764.

279. Huit volumes la plupart en langue italienne sur la vie des célèbres architectes.

280. Veteres arcus Augustorum, 1 vol. Romæ, 1690.

281. Palais de Rome des plus célèbres architectes, par *Pietro Ferrerio*, 1 vol. oblong.

282. Roma Sotteranea d'*Antonio Bosio*, 1 gr. vol. in-f°, rel. veau. Rome, 1632.

283. L'œuvre de Jacques Androuet *du Cerceau*. Paris, 1707, 2 tom. en 1 vol. avec pl.

284. Castelli e Ponti di maestro Zabaglia, suivi d'une description de l'obélisque du Vatican, par le chevalier D. *Fontana*, 1 vol. in-f°.

285. Eglises de Milan, Siennes, Pádüe, Brescia, Orvietto, Dôme de Florence, et plan de Rome, par Nolli, 2 vol. in-f°, et un cahier.

286. Fontaines de Rome, et jardins, 2 vol. obl. veau et cartonnés.

287. Recueil des plus belles vues antiques et modernes de Rome, par le chevalier *Joseph Vasi*, 2 vol. obl. avec planches.

288. Vues des campagnes et de la ville de Rome, et vues de Florence, deux vol. in-f°, avec pl.

289. Collection des chefs-d'œuvres de l'architecture des différens peuples, par Legrand; des fêtes publiques chez les modernes ; théorie des jardins ; l'art de voir dans les beaux arts, etc. , en tout 7 vol.

290. Collection des vues pittoresques de l'Italie, dessinées d'après nature, par *Dies*, *Reinhart* et *Mechau*. Nuremberg, 1799, 1 vol. in-f°, av. gr. planches.

291. Les antiquités de la France, par *Clerisseau*, première partie 1 vol. gr. in-f°, av. planches.

292. Parallèle de l'architecture ancienne et de la moderne, 1 vol. in-f°. Paris, 1702.

293. Voyage d'Egypte et de Nubie, par F. L. Norden, 3 vol. gr. in-4°. Paris, 1795.

294. Nuova Raccolta, di cento Vedutine antiche di Roma, par Pronti, 1 vol. en 2 tom.

295. Libro primo d'architettura di *Sebaztiano Serlio*, 1 vol. in-4°, avec pl. Vicence, 1618.

296. L'architecture de Vitruve, 1 vol. in-4°, 1786.

297. Le vite de più celebri architetti. Rome, 1768, 1 vol. in-4°, fig., demi-rel. Des aqueducs de Rome, 1 vol. in-4°, fig.

298. Il decamerone di Boccaccio. Venise, 1590, 1 vol. in-4°.

299. Roma antica di *Farniano nardini*, 4 vol. parch. Rome, 1771.

300. Itinéraires des principales villes de l'Italie, 20 vol.

301. Les vues de Provins, dessinées et lithographiées par plusieurs artistes en 1822, avec texte par M. D. 1 vol.

302. L'architecture civile, par *Bibiena*, 1 vol. in-fol°, cart. avec pl. Parme, 1711.

303. Fabriche e Edificii di Roma moderna, sous le pape Alexandre VII, 1 vol. obl. avec pl.

304. Histoire de l'art chez les anciens, par Winkelmann, 3 vol. grand in-4°, Paris, 1803.

305. Le gemme antiche figurate di Leonardo Agostini. Seconde partie, 1 vol. in-4°, rel. veau avec pl.

Le gemme antiche figurate di Michel Angelo de la chausse , 1 vol. in-4° avec pl.

306. Médailles des plus renommées personnes qui ont été depuis le commencement du monde , 1 vol. avec pl. Lyon , 1553.

307. Les Syrènes , ou discours sur leur forme et figures, 1 vol. Dissertations sur 12 médailles des jeux séculaires , 1 vol. Dissertation sur le vase d'or trouvé à Rennes en 1774, 1 vol.

308. Science des médailles. Histoire des médailles , par Patin. Histoire de Ptolomée Aulette. Insignium aliquot virorum icones. Explanatio notarum et litterarum , 5 vol. in-12.

309. Médailles de grand et moyen bronze du cabinet de la reine Christine , par *Pietro Santes Bartolo*. La Haye 1742 , 1 vol. in-fol°.

310. Chefs-d'œuvres de l'antiquité sur les beaux arts , gravés par Bernard Picart , 2 vol. in-fol° , cart. avec tex. et pl. Paris , 1784.

311. Traité des pierres gravées par *P. J. Mariette* , 2 vol. in-fol° avec pl. , rel. veau. Paris , 1750.

312. Les antiquités de Caylus , 2 vol. , 107 pl.

313. Thesaurus Selectorum numismatum antiquorum, par Oiselio. 1 vol. in-4° avec pl. , rel. parch.

Illustrium imagines, 1 vol. in-4° , rel parch. Anvers 1506.

314. Due trallati uno intorno alle otto principali atri

dell' oreficeria, par *Benevenuto Cellini*, 1 vol. in-4°, parch. 1568.

315. Galeotti. Museum odescalchum sive Thesaurus antiquorum gemmarum, 2 tom. en 1 vol. avec pl. et texte.

316. Francisci Ficoronii Dissertation de larvis sumicis et figuris conicis, in-4°. Roma, 1754, veau.

317. Selectiora numismata in' aere maximi moduli e museo de Francisci de *Camps*. Scelta de medaglioni piu rari nella bibliotheca del cardinale *Carpagnu*, 2 vol. in-4° avec pl.

318. La historia Augusta da Giulio Cesare, par Angeloni. 1 vol. in-4° et Dialoghi di agostini sotto le medaglise et altre antichita. 1 vol. in-fol° avec pl.

319. Imperatorum Romanorum numismata, par Charles Patin. Paris, 1697. 1 vol. in-fol° parch.

320. Onuphrii Pativinii Veronensis. De ludis circensibus et de triomphis Romanorum veterum. 1 vol. avec texte et pl.

Gli antichi sepolcri, par Pietro Santi Bartholi. 1 vol. avec pl.

321. Le Pitture antiche delle Grotte di Roma, par Bartoli ; et le Pitture antiche del Sepolcro, et publié par Bellari. 2 vol. avec pl.

322. Osservazioni istoriche sopra alcuni medaglioni antichi del gran duca di Toscana. Rome 1698. 1 vol. in-4° avec pl.

3з3. Antiquissimi Virgiliani Codicis fragmenta et picturæ ex bibliotheca Vaticana. 1 vol. in-fol. avec pl. Rome, 1741.

324. Romanum Muséum. Delachausse. 2 vol. in-fol. av. pl. Rome, 1746.

325. Le Antiche Lucérne Sepolcrali figurate, par Pietro Santi Bartoli. 1 vol. in-fol. rel. en maroquin.

326. Lucernæ fictiles neusei Passerii. 1 vol. avec tex. et fig. Pise, 1739.

327. Monumenti antichi inediti, par Vinkelman. Rome, 1767. 2 vol. in-fol. avec fig.

328. Numismata pontificum romanarum. 2 vol. in-fol. Rome, 1699.

329. La colonne Antonine. 1 vol. obl. in-fol.

332. La colonne Trajanne, par Pietro Santo Bartoli.

331. Recueil de vues, de paysages d'après Claude le Lorrain, Gouaspres, Salvator et Rimbrandt, gravés par Vivarès, Chatelain, Masson et autres. 44 pièces.

332. Les antiquités de Pompei. 2 vol. cart.

333. Description des bains de Titus, ou collection des peintures trouvées dans les ruines des thermes de cet empereur. Tex. et pl. 1 vol. gr. in-fol. et arabesques antiques des bains de Livie et de la ville Adriène.

334. Sujets de l'Odissée d'Homère, d'après les des-

sins et comparaisons de Flaxman. 1 vol. obl. L'œuvre des jours et la théogonie d'Hésiode. 1 cahier.

335. La arte di Venezia, par Gaëtan Pompini. 1 vol. in-fol. avec 60 pl. Venise, 1785.

336. Vues de Venise, par Canaletti, 1 vol. in-fol. 26 pièces ; Recueil de vues diverses, composées par Ferdinand Galli, dit le bibiana ; Architecture par le même, 2 vol. in-fol.

337. Plans, profils et élévations de Versailles, fêtes et cérémonies, 2 vol. in-fol.

338. L'Ettruria pittrice, ou Histoire de la peinture toscane, déduite de ses monumens. Tom. 1er, in-fol.

339. Discours de la religion des anciens Romains, par Duchoul. 2e édition, Lyon, 1567. Funérailles et diverses manières d'ensevelir, des Romains, Grecs, et autres nations, par Guichard, 1 vol. in-8° rel. ; Cérémonies funèbres de toutes les nations, par Muret, 1 vol. in-12, et les Images des dieux, par Duversier, 1 vol. in-4°. Lyon, 1581, en tout 4 vol.

340. Discours de la religion des anciens Romains, par G. Duchoul. Lyon, 1556. 1 vol. avec pl.

Il regno di Napoli e di Calabria descritto con medaglie. 1 vol. in-fol. avec pl.

341. Discours du songe de Poliphile, traduit de l'italien. Paris, 1561, 1 vol., in-4° avec pl.

342. Triomphes de Pétrarque, traduit du toscan en français, et publié à Paris en 1514, 1 vol. in-f°, fig.

343. Abrahami Goræi anterpiani dietyliotheca. 1 vol., grand in-8° avec pl.

Hieronymi mercurialis, de arte gymnasisca. 1 vol. avec fig. rel. veau.

Justi hipsi Poliocerticon. 1 vol., parch.

Schefferi argentoraten de miltiâ navali.

344. Les Métamorphoses d'Ovide, édition gothique 1497, 1 vol. in-fol° veau brun.

345. Libro di M. Pyrrho ligori napolitano delle anti-chita di Roma. Le antichita dell alma cita di Roma, par Palladio. 2 vol., in-12.

346. I dieci libri dell' architectura di Vitruvio. Venise, 1584.

347. Historia delle vite de Duchi e duchesse di Milano, par Campo. 1 vol. avec planche, et 5 vol. détachés.

348. Traité des ponts et chemins, par Gauthier. Paris, 1765, tarif, architecture particulière, 2 vol.

349. Détails des fers, par Bonneau. Architecture de Séguin, Détails de menuiscrie, par Potain; Tarif du toisé, par Mésange; Traité de charpenterie, par Mésange. 2 vol. in-8°, rel., en tout, 6 vol. in-8° rel.

350. Biblia sacra ad vetustissima exemplaria castigata. Francfort, 1571.

351. Quadrins historiques de la bible. Lyon, 1560; Heures, avec vignettes gothiques, 2 vol.

352. Huit volumes, ouvrages divers sur les emblêmes.

353. Les apophtegmes des anciens, tirés de Plutarque. Paris, 1644, 1 vol.

I commentari di C. Giulio Cesare. Venise, 1575, 1 vol.

354. 6 vol. en langue italienne, ouvrage sur l'architecture. Cet article sera divisé.

355. 9 vol., ouvrages détachés sur l'architecture.

356. Voyage dans la Troade, fait dans les années 1785 et 1786, par Lechevalier, 3 vol. et l'atlas.

357. Vies des plus excellens peintres, sculpteurs et architectes par Vasari, texte italien. Bologne, 1647. 3 vol. in-4°. rel. veau.

358. Traité de la peinture de Léonard de Vinci.

359. Elémens de perspective pratique par P. de Valenciennes. Paris, an 8. Traité de perspective par Lavitt. Paris, 1804. 2 vol. in-4°. broch.

360. Géométrie descriptive de Monge. Paris, 1820. 1 vol. in-4°. Essai sur l'art de construire les théâtres par Boulay. Paris, 1801. in-4°.

361. Traduction des 34, 35 et 36es. livres de Pline l'ancien par Falconet, 2 vol. in-8°. La Haie, 1773.

362. Idée générale d'une collection complète d'estampes, avec une dissertation sur l'origine de la gravure et sur les premiers livres d'images. 1 vol. in-8°. demirel. Vienne, 1771.

363. OEuvres complètes d'Antoine Raphaël Mengs. 2 vol. gr. in-4°. Paris, 1786.

364. Dictionnaire des graveurs anciens et modernes par F. Basan. 2 vol. br. Paris, 1789.

365. Traité de la manière de graver en taille douce, par Bosse. Cat. d'estampes par Desmarolles, le peintre converti ; en tout 3 vol.

366. Mémoires de l'Institut, années 1811, 1813, 1814, 1815, 1816, 1817, 1818, 1819, 1820. Mémoires de la classe d'histoires de littérature ancienne. 5 vol. Mémoires de l'académie des Inscriptions, tom. 5, 6, 7.

367. Les articles omis seront compris sous ce dernier numéro.

FIN.

www.ingramcontent.com/pod-product-compliance
Lightning Source LLC
LaVergne TN
LVHW021203200726
843510LV00001B/464